MEMOIRE D'AUDIENCE

A L'USAGE DE

MM. les Présidents des Tribunaux de simple police, les Officiers du Ministère public et Greffiers près de ces Tribunaux

PAR

M. ANDRÉ LANCHIER

Juge de Paix du Canton-Est de Riom

(Puy-de-Dôme)

RIOM

IMPRIMERIE EDOUARD GIRERD

5, RUE CROISIER, 5

1888

Art. 162, C. inst. crim. — La partie qui succombera sera condamnée aux frais. même envers la partie publique. — Les dépens seront liquidés par le jugement.

Art. 467, C. P. — La contrainte par corps a lieu pour le paiement de l'amende.

Néanmois, le condamné ne pourra être, pour cet objet, détenu plus de quinze jours, s'il justifie de son insolvabilité.

Nota. — Les disposition de l'art. 463 C. P. sont applicables par les tribunaux de simple police lorsque les circonstances atténuantes sont reconnues en faveur des contrevenants.

CONTRAVENTIONS

Les contraventions sont des fautes légères commises le plus
souvent sans intention de nuire. En cette matière aucune excuse
n'est admissible, sauf le cas très rare de *force majeure*. La loi de
police ne recherche et ne voit que le fait lui-même ; elle punit
dès qu'elle le constate ; elle ne s'inquiète ni de ses causes ni de la
volonté qui l'a dirigé (*Faustin Hélie*). — Les contraventions de
police forment une infraction à l'ordre public. La poursuite en
appartient au ministère public près le tribunal de simple police
ou à la partie qui réclame, autrement dit la partie lésée. C'est
donc à ce magistrat que doivent être remis ou adressés tous les
procès-verbaux, rapports, dénonciations ou plaintes, relatifs aux
contraventions commises dans le ressort du tribunal de simple
police. Cependant l'art. 191, C. F. prescrit de remettre au juge
de paix compétent les procès-verbaux des gardes des bois des
particuliers, et l'art 43 de l'ordonnance du 17 avril 1839 ordonne
aussi aux vérificateurs des poids et mesures de remettre leurs
procès-verbaux à ce magistrat ; mais, dans ces cas particuliers,
le juge de paix doit renvoyer les pièces au ministère public
(*Carré*). — Les contraventions de police se divisent en trois
classes : 1º Celles prévues par l'art. 471 du Code pénal sont
punies de *un à cinq* francs, de la confiscation des objets saisis ;
d'un *emprisonnement* facultatif pendant *trois jours* au plus contre
ceux qui auront tiré des pièces d'artifice ou qui auront glané,
grapillé ou râtelé en contravention par application de l'art. 473 ;
et d'un *emprisonnement de trois jours* au plus en cas de récidive
(1) par application de l'article 474. — 2º Celles prévues par l'art.
475, C. P., sont punies d'une amende de *six à dix* francs ; d'un
emprisonnement facultatif pendant *trois jours* au plus par application de l'art. 476 contre les rouliers, charretiers, voituriers et
conducteurs en contravention ; contre ceux qui auront contrevenu
aux règlements ayant pour objet, soit la rapidité, la mauvaise
direction ou le chargement des voitures ou des animaux, soit la

---

(1) **Récidive.** — D'après les dispositions générales du C. P., il y a récidive toutes les fois qu'un individu déjà condamné pour crime, délit ou contravention, se rend coupable d'un nouveau crime, d'un nouveau délit ou
d'une nouvelle contravention, dans les douze mois qui suivent sa condamnation, sans avoir égard au rapport qui peut exister *dans* la nature des
divers crimes, délits ou contraventions ; c'est-à-dire que l'individu condamné pour ivresse sur la voie publique est en état de récidive si, plus
tard, il commet une contravention pour injures, avant l'expiration des
douze mois.

solidité des voitures publiques, leur poids, le mode de chargement, le nombre et la sûreté des voyageurs ; de la *confiscation*
des objets saisis et dénommés au § 5 de l'art. 475. La récidive
aux prescriptions de l'art. 475 entraîne la peine de l'*emprisonnement* pendant cinq jours au plus par application de l'art. 478. —
Celles prévues par l'art. 479 du même Code sont punies de *onze* à
quinze francs d'amende ; d'un emprisonnement facultatif pendant
cinq jours au plus par application de l'art. 480 contre ceux qui
auront occasionné la mort ou des blessures aux animaux domes-
tiques appartenant à autrui : contre ceux qui emploient des
mesures ou des poids différents de ceux que la loi en vigueur a
établis ; contre les interprètes des songes ; contre les auteurs ou
complices de bruits où tapages injurieux ou nocturnes ; de la *saisie*
et *confiscation* de poids et mesures différents à ceux que la loi a établis ; des instruments, ustensiles et costumes servant ou destinés à
l'exercice du métier de devin. La récidive, dans tous les cas prévus par l'art. 479, entraîne la peine de l'*emprisonnement* de *cinq
jours* au plus par application de l'art. 482. — L'article 463 C. P., qui
permet de diminuer la peine lorsque les circonstances paraissent
atténuantes, est toujours applicable aux contraventions prévues et
punies par les art. 471, 475 et 479 dudit code. — Les contraventions de police commises par des militaires sous les drapeaux ou
dans les lieux de leur garnison, sont de la compétence des tribunaux militaires (art. 271, loi du 9 juin 1857). *Cass.* 21 *mars* 1851 ;
11 *févr.* 1853 ; 23 *août* 1860. Cependant c'est à la juridiction correctionnelle, et non au conseil de guerre, qu'il appartient de connaître d'un délit commun imputé à un jeune soldat laissé dans
ses foyers, bien que ce militaire ait reçu son ordre de départ, si,
au moment de la perpétration du délit, il n'était pas encore réuni
au corps ou ne faisait partie d'aucun détachement. *Cass.* 10 *févr.*
1863.

C'est à la justice militaire, aux termes de l'art. 291, C. J. M.,
qu'il appartient de statuer sur les contraventions de police commises par les gendarmes, même dans l'exercice de leurs fonctions
de police judiciaire. C'est seulement en cas de crimes ou délits
commis dans l'exercice de leurs fonctions de police judiciaire,
que les tribunaux ordinaires sont compétents. *Cass.* 26 *févr.* 1825 ;
6 *mai* 1830 ; 21 *mars* 1873.

AIDE-MÉMOIRE D'AUDIENCE

NATURE DES CONTRAVENTIONS	Lois et Art. à appliquer.	Pénalités
Abandon d'Objets. — Ceux qui laissent dans les rues, chemins, places, lieux publics, ou dans les champs, des coutres de charrues, pinces, barres, échelles, armes ou autres instruments dangereux dont puissent abuser les voleurs et autres malfaiteurs, commettent la contravention prévue par l'art. 471, n° 7, C. P. —Les objets abandonnés doivent être saisis et confisqués.—L'art. 471, n° 7, est applicable au cas où l'objet a été laissé dans une cour non close ou dans une halle accessible au public. *Cass.*, 27 *novembre* 1855, 20 *mars* 1858.	471 N° 7 C. P.	1 à 5 fr. d'amende
Abandon de bestiaux. — L'abandon de bestiaux sur la propriété d'autrui constitue un délit rural prévu par les art. 3 et suivants du titre II, section VII de la loi des 28 sept.- 6 oct. 1791. — Le tribunal de simple police n'est compétent que tout autant que la peine ne s'élève pas au-delà de 15 fr. d'amende et 3 jours d'emprisonnement.—*V. art.* 6 *de la loi.*	Lois des 28 sept, 6 octobre 1791	Amende de la val. de 3 journées de trav. emprison. facultatif de 3 jours
Abandon DE FOUS OU FURIEUX, DES ANIMAUX MALFAISANTS OU FÉROCES. — Un chien est réputé malfaisant et féroce quand il se jette sur les passants, quand même il n'en résulte aucun mal. *Cass.*, 15 *août* 1867. — Un chien est réputé en état de divagation dans la cour d'un cabaret ouvert aux consommateurs et dépendante de ce lieu public. *Cass.*, 1er *nov.* 1867. — La disposition de l'art. 475, n° 7, est applicable au cas où un chien mord un individu dans l'habitation de son maître. *Cass.*, 6 *juin* 1856.	475 N° 7 C. P.	Amende de 6 à 10 fr.
Abandon DE VOITURE ATTELÉE SUR LA VOIE PUBLIQUE.—Il y a lieu de considérer comme abandonnée une voiture attelée sur laquelle le conducteur est monté sans tenir les guides de son attelage à la main. — Le charretier monté sur le cheval de cheville, de son attelage, ne peut être considéré comme étant à la portée de diriger ses chevaux. *Cass.*, 17 *août* 1867. — Le juge de paix ne peut acquitter un prévenu sous prétexte qu'il surveillait du cabaret où il était entré, les voitures abandonnées par lui sur la voie publique. *Cass.*, 27 *avril* 1867.	471 N° 4 C. P.	Amende de 6 à 10 fr. empris. facultatif de 3 jours

NATURE DES CONTRAVENTIONS	Lois et Art. à appliquer.	Pénalités.
Abandon DE VOITURE NON ATTELÉE SUR LA VOIE PUBLIQUE. — Tout objet encombrant, voiture, charrette, matériaux, etc., qui empêchent ou diminuent la liberté ou la sûreté de la circulation, constitue un embarras de la voie publique. Lorsqu'il n'y a aucune nécessité et en l'absence d'une autorisation, ce fait est punissable même quand il n'y a aucun règlement sur la matière.	471, N° 4 C. P.	Amende de 1 à 5 fr.
Abeilles. — Le propriétaire d'un essaim a le droit de le réclamer et de s'en ressaisir tant qu'il n'a point cessé de le suivre, autrement l'essaim appartient de droit au propriétaire du terrain sur lequel il s'est fixé. *Art. 5, loi des* 28 *septembre - 6 octobre 1791* — Il y a maraudage dans le fait de se saisir d'un essaim vagabond sur le terrain appartenant à autrui.	471 N° 9 C. P.	Amende de 1 à 5 fr.
Abreuvoir (CONDUITE DES CHEVAUX A L'). — *V. ordonnance du* 21 *décembre 1787.*	471 N° 15 C. P.	Amende de 1 à 5 fr.
Affiches (LACÉRATION OU DESTRUCTION D') DANS LES DÉBITS DE BOISSONS, DU TEXTE DE LA LOI SUR L'IVRESSE. — La peine encourue est de 1 à 5 fr d'amende et au rétablissement de l'affiche aux frais du contrevenant. — Est puni de la même peine tout cabaretier, cafetier ou débitant chez lequel le texte de la loi n'est pas affiché dans la principale salle de son établissement.	Loi du 23 janvier 1873 Art. 12	Amende de 1 à 5 fr.
Affiches DES PARTICULIERS APPOSÉES DANS LES ENDROITS RÉSERVÉS PAR LE MAIRE POUR CELLES DE L'AUTORITÉ. — Est passible d'une amende de 5 à 15 fr. celui qui a enlevé ou détérioré une affiche apposée par ordre de l'autorité dans les emplacements à ce réservés. Si le fait a été commis par un fonctionnaire ou agent de l'autorité, l'amende est de 16 à 100 fr. et d'un emprisonnement de *six jours à un mois,* ou de l'une ou l'autre de ces deux peines seulement; dans ce cas, le délinquant est traduit devant la juridiction correctionnelle. — Il est expressément interdit aux particuliers d'imprimer des affiches sur papier blanc.	Loi du 29 juillet 1881 Art. 15	Amende de de 5 à 15 f.
Affiches DE L'ADMINISTRATION ENLEVÉES PAR MÉCHANCETÉ. — L'intention malveillante de la part de celui qui a enlevé une affiche apposée par ordre de l'autorité, doit être établie; le défaut	479 N° 9 C. P.	Amende de 5 à 15 fr.

NATURE DES CONTRAVENTIONS	Lois et art. à appliquer.	Pénalités.
d'intention malveillante peut motiver son acquittement. *Cass.*, 9 *février* 1856. **Amendements.** *V. Engrais.* **Animaux domestiques** (MAUVAIS TRAITEMENT ENVERS LES). — La loi du 2 juillet 1850, dite loi Grammont, n'est applicable qu'aux propriétaires des animaux ou à ceux à qui ils sont confiés — La peine à l'emprisonnement de *un à cinq* jours peut, selon le cas, être prononcée. Elle est toujours appliquée en cas de récidive. — L'art. 463 C. P. peut toujours être appliqué.	Loi du 2 juillet 1850 Art. uniq.	Amende de 5 à 15 fr. et empris. facultatif de un à cinq jours
Animaux domestiques TUÉS OU BLESSÉS VOLONTAIREMENT. — Celui qui blesse volontairement d'un coup de feu le chien d'autrui entré dans sa cour encourt l'application du n° 1, et non celle du n° 3, de l'art. 479 C. P., réservé aux cas d'imprudence ou de maladresse, et échappe ainsi à la peine facultative de l'emprisonnement édictée par l'art. 480. *Cass.* 19 *avril* 1866. — Il y a blessure volontaire dans le fait de donner un violent coup de bâton à un chien circulant sur la voie publique et appartenant à autrui. *Cass.* 4 *avril* 1863. — Mais il n'y a pas contravention dans le fait de celui qui tue le chien d'autrui au moment où, dans sa maison, le chien porte atteinte à sa propriété. *Cass.* 17 *nov.* 1865. — Le fait du propriétaire qui tue des volailles, appartenant à autrui, qui se sont introduites dans son terrain situé dans une ville, est punissable des peines portées à l'art. 479, n° 1 ; la loi des 28 sept. - 6 oct. 1791, ne donne droit de tuer les volailles qu'aux propriétaires ou fermiers des propriétés rurales. *Cass.* 28 *juil.* 1855.	479 N° 1 C. P.	Amende de 5 à 15 fr.
Animaux domestiques TUÉS OU BLESSÉS INVOLONTAIREMENT. — Est punissable le fait d'avoir blessé un animal domestique par suite de mauvaise direction ou de rapidité excessive d'un attelage. Est également punissable le propriétaire du chien qui étrangle un chat. Sont aussi punissables ceux qui ont la garde des fous, si ces derniers tuent ou blessent un animal domestique appartenant à autrui.	479 N° 2 C. P.	Amende de 5 à 15 fr.
Animaux domestiques TUÉS OU BLESSÉS PAR L'EMPLOI D'ARMES A FEU OU PAR JET DE CORPS DURS. — Le fait de tuer ou de blesser, à la chasse,		

NATURE DES CONTRAVENTIONS	Lois et Art. à appliquer.	Pénalités.
le chien d'autrui est puni des peines portées aux art. 479 nº 3 et 480 C. P.—Est punissable des mêmes peines le fait d'avoir, en chassant, tué des canards domestiques dans une mare dépendant d'une propriété ; le contrevenant ne peut invoquer sa bonne foi en prétextant qu'il a confondu ces volailles avec des canards sauvages.	479 Nº 3 C. P.	Amende de 5 à 15 fr, em.pris. facultatif de 1 à 5 jours
Animaux domestiques TUÉS OU BLESSÉS PAR LA VÉTUSTÉ DES ÉDIFICES EN RUINE, PAR L'ENCOMBREMENT OU PAR L'EXCAVATION SUR UNE VOIE PUBLIQUE.	479 Nº 3 C. P.	Amende de 5 à 15 fr
Animaux morts (DÉFAUT D'ENFOUISSEMENT DES). — Les bestiaux morts doivent être enfouis dans la journée à *quatre* pieds de profondeur (1 m. 32 cent.), par les soins du propriétaire, et dans son terrain, ou dans celui désigné par la municipalité, sous peine d'une amende qui ne peut être inférieure à la valeur d'une journée de travail. — La valeur de la journée de travail est fixée par arrêté préfectoral dans chaque département, elle est, par conséquent, variable.	Lois des 21 sept. 6 octobre 179, section VI titre II art. 13	Amende de la val de 1 à 3. journées de travail.
Animaux TROUVÉS DE JOUR EN DÉLIT DANS LES BOIS APPARTENANT A DES PARTICULIERS. — La peine encourue par les contrevenants varie suivant l'âge des arbres. Dans les bois de 10 ans et au-dessus, l'amende à appliquer est de 1 franc par cochon, 2 francs pour une bête à laine, 3 francs pour un cheval ou autre bête de somme, 4 francs par chèvre, 5 francs pour un bœuf, une vache, un veau. L'amende est double si les bois ont moins de 10 ans, sans préjudice, s'il y a lieu, des dommages-intérêts.	199 C. F.	Amende de 1 à 5 fr. par tête de bétail et selon sa nature.
Apprentissage (INOBSERVATION DU RÈGLEMENT DU CONTRAT D'). — Toute contravention aux art. 4, 5, 6, 8, 9 et 10 de la loi du 25 février 1851 est punie de 5 à 15 fr. d'amende ; en cas de récidive, de *un à cinq* jours d'emprisonnement. — En cas de récidive, la contravention à l'art. 6 est poursuivie devant la juridiction correctionnelle, la peine encourue étant un emprisonnement de 15 jours à 3 mois, sans préjudice d'une amende de 50 à 300 francs. — Nul ne peut recevoir des apprentis mineurs, s'il n'est âgé de 21 ans au moins (art. 4). — Aucun maître, s'il est célibataire ou en	Loi du 22 février 1851	Amende de 5 à 15 fr.

NATURE DES CONTRAVENTIONS	Lois et Art. à appliquer.	Pénalités.

état de veuvage, ne peut loger comme apprenties des jeunes filles mineures. Sont incapables de recevoir des apprentis : les individus qui ont subi une condamnation pour crime ; ceux qui ont été condamnés pour attentats aux mœurs et ceux qui ont été condamnés à plus de 3 mois d'emprisonnement pour délits prévus par les art. 388, 401, 405, 407, 408 et 423 C. P.

Arbres (COUPE ET MUTILATION D'). — Les tribunaux de police ne peuvent connaître que des contraventions commises dans les bois des particuliers ; celles commises dans les bois de l'État sont réservées aux tribunaux correctionnels. — Les tribunaux de police ne sont compétents que lorsque l'amende encourue n'excède pas 15 fr. et la peine de l'emprisonnement *cinq* jours. Le juge de paix peut ordonner main-levée provisoire des objets saisis par les agents de l'administration, mais à la charge du paiement des droits de séquestre et moyennant une bonne et valable caution. Ce magistrat doit, dans le cas de main-levée, en donner avis à l'agent forestier local. *Art.* 168. *C. F* — L'amende pour coupe et enlèvement de bois n'ayant pas *deux* décimètres de tour est, par charretée, de 10 fr. par tête attelée, de 5 fr. par charge de bête de somme, et de 2 fr. par fagot, fouée ou charge d'homme. Il peut, en outre, être prononcé un emprisonnement de *cinq* jours au plus. — S'il y a plusieurs fagots pour constituer une charge d'homme, il doit être prononcé autant d'amendes de 2 fr. qu'il y a de fagots — L'art. 146 C. F. n'est pas applicable à celui qui a été surpris coupant du bois avec une serpe pour faire un fagot ; il n'est passible que de la peine applicable, d'après l'art. 194, à la coupe d'un fagot ; mais celui qui est surpris avec une scie, serpe, cognée, ou autre instrument de même nature, encourt l'amende de 10 fr. et la confiscation de l'instrument.

146 et 194 C. F. — Amende de 2 à 10 fr. empris. facultatif de 1 à 5 jours

Artifice (PIÈCES D') TIRÉES EN CERTAINS ENDROITS MALGRÉ LA DÉFENSE DE L'AUTORITÉ. — Le jugement qui prononce une condamnation pour ce fait doit prononcer la confiscation des objets saisis.

471 No 2 C. P. — Amende de 1 à 5 fr. empris. facultatif de 1 à 3 jours

Attroupements. *V. Voies de fait et violences légères.*

NATURE DES CONTRAVENTIONS	Lois et Art. à appliquer.	Pénalités.
Aubergistes et Logeurs. DÉFAUT D'INSCRIPTION DES VOYAGEURS SUR LE REGISTRE A CE DESTINÉ. — N'est pas assujetti aux règles de la profession de logeur celui qui loue en garni à des personnes sédentaires les appartements de sa maison qui excèdent ses besoins. *Cass.* 5 *avril* 1866. — Il en est de même du propriétaire qui loue accidentellement un appartement garni. *Cass.* 15 *nov.* 1862 ; 27 *mars* 1862. — Les formalités imposées aux logeurs de profession ne sont pas applicables aux sages-femmes à l'égard des femmes enceintes qu'elles reçoivent chez elles. *Cass.* 12 *sept.* 1846. — Les logeurs sont tenus d'inscrire sur les livrets de police aussi bien les personnes résidant en ville que les voyageurs. *Cass.* 19 *mai* 1860. — Ils ne sont passibles que d'une seule amende, quoique la personne non inscrite ait passé plusieurs nuits chez eux. *Cass.* 4 *fév.* 1859. — Mais le juge de police doit condamner à *dix* amendes distinctes si le logeur a négligé d'inscrire sur son registre *dix* voyageurs. *Cass.* 8 *janv.* 1864.	475 No 2	Amende de 6 à 10 fr.
Aubergistes ou hôteliers (REFUS PAR MALICE DE LA PART DES) DE LOGER LES VOYAGEURS.— L'ordonnance de Charles IX, du 20 janvier 1563, punit d'une amende de *dix livres tournois* tout hôtelier ou aubergiste qui, par malice, refuse de loger les voyageurs. — La loi du 2 mars 1791 ayant promulgué le principe fondamental de la liberté du commerce et de l'industrie, cette vieille ordonnance semble devoir être abrogée. Il y a lieu cependant de la considérer comme étant toujours en vigueur, afin de réprimer les abus et de la classer au nombre des réglements légalement faits	471 No 15 C. P.	Amende de 1 à 5 fr.
Audience (IRRÉVÉRENCES COMMISES A L'). Les art. 10, 11 et 12 C. P. C. ne sont applicables qu'aux *parties* qui manquent de respect, soit au juge de paix, soit à la partie adverse ; à l'égard des *assistants* c'est l'art. 504 du C. Inst. C. qui est applicable. *Cass.*, 24 *mai* 1862. — La peine à l'emprisonnement peut être prononcée séance tenante en cas d'irrévérence grave envers le juge de paix. En cas d'insulte ou voies de fait donnant lieu à l'application ultérieure de peines correctionnelles ou de police, le juge doit dresser procès-verbal et faire arrêter le coupable ; mais lorsqu'il ne s'agit que	10, 11 et 12 C. P.	Amende de 1 à 10 fr. pour injure env. la partie adverse. emprison. de 1 à 3 jours pour irrévérenc envers le juge de paix

NATURE DES CONTRAVENTIONS	Lois et Art. à appliquer.	Pénalités.
de perturbateurs troublant l'audience, ils doivent d'abord être rappelés à l'ordre par le juge, et s'il y a persistance de leur part, le juge dresse procès-verbal séance tenante et fait conduire les perturbateurs à la maison d'arrêt où ils seront retenus pendant 24 heures.		
Bacs, bateaux, ponts (PERCEPTION ILLÉGALE DES DROITS DE PASSAGE SUR LES). Les contraventions entraînent une amende égale à la valeur de trois journées de travail L'emprisonnement de trois jours au plus en sus de l'amende, peut être prononcé en cas de récidive. De la part des passagers, si le refus de payer est accompagné d'injures à l'égard du passeur ou de ses préposés, le tribunal correctionnel est seul compétent.	Loi du 6 frimaire an VII art. 51 52, 56, 58	Amende de la valeur de 1 à 3 journ. de travail
Bains publics (INFRACTION AUX ARRÊTÉS SUR LES). Il n'y a de contravention que s'il existe un règlement municipal sur la matière.	471 N° 15 C. P.	Amende de 1 à 5 fr.
Balayage des rues ou passages (INOBSERVATION DES RÈGLEMENTS SUR LE) DANS LES COMMUNES OU CE SOIN EST LAISSÉ A LA CHARGE DES HABITANTS. — Le défaut de nettoyage des rues est une infraction, même en l'absence d'un règlement. — Le balayage des rues est une charge de la propriété et non de l'habitation. Elle incombe au propriétaire même quand l'immeuble est occupé par un ou plusieurs locataires et qu'il n'habite pas la localité. — L'entrepreneur de balayage d'une localité est, de plein droit, substitué aux obligations des habitants et passible des peines édictées par la loi.	471 N° 3 C. P.	Amende de 1 à 5 fr.
Balisage (PROTECTION DU).	Loi du 27 mars 1832 art 2	Amende de 10 à 15 f. empris. facult. de 1 à 5 jours
Bans des vendanges OU AUTRES AUTORISÉS PAR LES USAGES LOCAUX (INOBSERVATION DES). — Les bans des vendanges ne sont légaux que dans les communes où l'usage antérieur à la loi des 28 sept.-6 octobre 1791 s'est perpétué et qu'autant qu'ils s'appliquent à des vignes non closes. *Cass., 22 mars 1855; 24 avril 1858.* — Le ban de vendanges étant temporaire, il n'y a pas lieu de le soumettre à l'approbation du préfet ou du sous-préfet: la publi-	475 N° 1 C. P.	Amende de 6 à 10 fr.

NATURE DES CONTRAVENTIONS	Lois et Art. à appliquer.	Pénalités.
cation suffit pour le rendre obligatoire. *Cass.*, 30 *novembre* 1861.		
Bateaux A VAPEUR NAVIGUANT SUR LES FLEUVES ET RIVIÈRES. — Ordonnance de police du 23 mars 1845.	471, No 15	Amende de 1 à 5 fr.
Bestiaux ET VOITURES (INTRODUCTION DE) DANS LES BOIS ET FORÊTS. — Le juge de police n'est compétent que lorsqu'il s'agit de contraventions commises dans les bois des particuliers; dans ce cas l'amende est de 10 fr. par voiture trouvée dans les bois de dix ans et au-dessus. Au-dessous de cet âge l'amende étant de 20 fr., les contrevenants sont justiciables du tribunal correctionnel. — Une brouette est un moyen de transport qui rentre dans la généralité de la signification du mot *voiture*. *Cass.*, 19 *décembre* 1828. — *V. Coupes et mutilations d'arbres.*	147 et 199 C. F.	Amende de 10 fr. par véhicule et le 1 à 5 fr. par tête de bétail selon l'espèce.
Bestiaux (DÉGATS CAUSÉS PAR SUITE DE L'ABANDON DES). — L'amende encourue ne peut être inférieure à la valeur d'une journée de travail. *V. Volailles.*	Lois des 28 sept 6 oct. 1791 titre II, art 4, 12	Amende de la val. de 1 à 3 journ. de trav.
Bestiaux CONDUITS DANS LES PRAIRIES ARTIFICIELLES, VIGNES, OSERAIES, CAPRIERS, ETC. — La contravention prévue par l'art. 479, n° 10, n'est pas subordonnée au dommage causé par les animaux. *Cass.*, 9 *février*, 1856, 26 *nov.* 1858. — Le fait de *garder* à vue des bestiaux sur un terrain chargé de récoltes appartenant à autrui, ne doit pas être confondu avec celui de *mener* des bestiaux sur le terrain d'autrui. Ce dernier fait ne constitue qu'une simple contravention de la compétence du tribunal de simple police, tandis que le premier constitue un délit de la compétence exclusive du tribunal correctionnel. *Cass.*, 6 *oct.* 1837; 3 *juillet* 1835.	475 N° 10 C. P.	Amende de 11 à 15 fr.
Bestiaux REVENANT DE LA FOIRE OU CONDUITS DANS UN AUTRE LIEU. — Les conducteurs de bestiaux conduisant leurs troupeaux d'un lieu à un autre, même dans les pays de parcours et de vaine pâture, ne peuvent les laisser pacager sur les terres des particuliers, ni sur les communaux, sous peine d'une amende de la valeur de deux journées de travail, en outre du dédommagement. Si le terrain est		

NATURE DES CONTRAVENTIONS	Lois et Art. à appliquer.	Pénalités.
ensemencé, ou non dépouillé de ses récoltes, ou dans un enclos rural, l'amende sera égale au dédommagement. Dans ce cas, le tribunal correctionnel devient compétent si l'amende excède une somme de 15 fr. — A défaut de paiement, les bestiaux pourront être saisis et vendus jusqu'à concurrence de ce qui sera dû pour l'indemnité, l'amende et les frais y relatifs. — Selon le cas, l'emprisonnement pourra être prononcé contre le conducteur.	Lois des 28 sept. 6 octobre 1791 titre II art. 25	Amende de la val. de 2 jour. de tr. au moins et de 15 fr. au plus emprison. facultatif de 1 à 5 jours
Blé en vert OU AUTRES PRODUCTIONS COUPÉES OU DÉTRUITES AVANT LA MATURITÉ. — Le fait de couper, avant leur maturité, de petites parties de blé en vert ou d'autres productions de la terre *sans intention manifeste de les voler*, entraîne la peine d'une amende égale à la valeur que l'objet aurait eu dans sa maturité, sans préjudice du dédommagement. — Pour que le juge de police soit compétent, il est nécessaire que le délinquant ait agi sans intention de voler et que la valeur du dommage ne soit pas supérieure à 15 fr. La peine de l'emprisonnement peut être prononcée.	Lois des 28 sept. 6 octobre 1791 titre II art. 28	Amende de 1 à 15 fr. empris. facultatif de 1 à 5 jours
Bois mort (ENLÈVEMENT DE) AVEC CROCHET. — Ceux dont le titre donne droit non seulement au bois *sec et gisant*, mais aussi au bois *sec et estant*, peuvent se servir d'instruments en fer pour le service de leur droit d'usage. *Cass. 4 août 1858*. Mais ceux qui n'ont d'autre droit que celui de prendre le bois *sec et gisant*, ne peuvent, pour l'exercice de ce droit, se servir d'aucun instrument.	80 C. F.	Amende de 3 fr.
Bookmakers. — *V. la circulaire du 17 mai 1875, qui leur est applicable sur les champs de courses. Loi du 21 mai 1836.* — *V. Jeu de hasard.*	471, No 15 C. P.	Amende de 1 à 5 fr.
Borne EMPIÉTANT SUR LA VOIE PUBLIQUE. — Édit de décembre 1607, art. 7. — *V. Chemins.*	471, No 15	Amende de 1 à 5 fr.
Bouchers ET **Boulangers** (VENTE PAR LES) DE LA VIANDE ET DU PAIN AU-DESSUS DE LA TAXE. — L'arrêté municipal fixant la taxe du pain et de la viande est un arrêté temporaire, auquel force d'exécution est due immédiatement, sans l'approbation préalable du préfet. Il y a contravention de la part du boulanger qui refuse de vendre du pain au prix de la taxe tout aussi bien que de la part de celui qui en vend à un prix supé-	479, No 6	Amende de 11 à 15 fr. empris. facultatif de 1 à 5 jours

NATURE DES CONTRAVENTIONS	Lois et Art. à appliquer.	Pénalités.
rieur. — Chaque fait spécial de vente au-dessus de la taxe encourt une amende distincte.		
Brocanteurs ET **Fripiers** (DÉFAUT DE REGISTRE DE LA PART DES). — Déclaration royale du 29 mars 1778.	471, No 15 C. P.	Amende de 1 à 5 fr,
Bureau de placement DE DOMESTIQUES OUVERT SANS AUTORISATION. — En cas de récidive le maximum des deux peines doit être appliqué.	Décret du 25 mars 1852, art 4	Amende de 1 à 15 fr. empris facultatif de 1 à 5 jours
Bureau de placement DE NOURRICES OUVERT SANS AUTORISATION. — Le fait d'ouvrir sans autorisation constitue un délit de la compétence exclusive du tribunal correctionnel.	Loi du 23 déc. 1874 art. 11	Compét. correct.
Cabarets ET **Cafés** (HEURES FIXÉES POUR LA FERMETURE DES). — *Ordonnance du 8 nov. 1783.* — Les heures de fermeture sont fixées par des arrêtés préfectoraux.	471, No 15	Amende de 1 à 5 fr.
Champ (DÉCLORE UN) POUR SE FRAYER UN PASSAGE. — Si le juge de police décide que le chemin public est impraticable, le contrevenant doit être acquitté et les dommages causés au propriétaire du champ sont à la charge de la commune.	Lois des 28 sept.- 6 oct. 1791 titre II art. 41	Amende de la val. de 3 journées de trav.
Champs (DOMMAGES FAITS AUX) PAR L'EAU OU PAR LE FEU. — Délit de la compétence exclusive du tribunal correctionnel.	Loi des 28 sept.- 6 oct. 1791 titre II art. 10, 15 457 C. P.	Compét. correct.
Charretiers (OBLIGATIONS DES). — Les charretiers et voituriers doivent tenir la droite de la chaussée et laisser la gauche libre jusqu'au milieu de la voie; ils doivent se tenir constamment à portée de leur attelage.	475, No 3 C. P.	Amende de 6 à 10 fr. empris. facultatif de 1 à 3 jours
Cheminées (RAMONAGE, RÉPARATIONS, ENTRETIEN DES) — Il y a contravention alors même qu'il est établi que la cheminée a été nettoyée deux fois dans l'année, si le feu a éclaté et qu'il ne soit pas prouvé qu'il n'y a pas eu accident de force majeure.	471, No 1 C. P.	Amende de 1 à 5 fr.
Chemins publics (DÉGRADATION, USURPA-		

NATURE DES CONTRAVENTIONS	Lois et Art. à appliquer	Pénalités.
TION DES). — Il y a contravention dans le fait d'établir un chasse-roues qui empiète sur la voie publique. Le prétexte d'utilité ou d'usage local n'est pas une excuse. *Cass.*, 17 *août* 1865. Le tribunal correctionnel est seul compétent lorsque le procès-verbal constatant l'usurpation sur la voie publique allègue un comblement de fossés ou un déplacement de bornes. *Cass.*, 20 *décembre* 1866. — Les travaux entrepris sur un chemin public, sans autorisation écrite, constituent une contravention. — Un simple chemin rural n'est pas imprescriptible; le prévenu d'empiètement sur ce terrain doit être admis à prouver ses droits, même par la prescription. *Cass.*, 30 *nov.* 1867, 18 *févr.* 1869.	479. N° 11 C. P.	Amende de 11 à 15 fr.
Chemins publics (ENLÈVEMENT DE GAZONS. TERRES, MATÉRIAUX DANS LES). — Il y a contravention dans l'enlèvement des terres provenant des raclures des accotements d'un chemin, mises en tas par le cantonnier, *Cass.*, 10 *janvier* 1863. Mais n'est pas répressible le fait d'avoir enlevé du gazon sur la propriété communale autre qu'un chemin public. *Cass.*, 25 *juillet* 1856.	479, N° 12 C. P.	Amende de 11 à 15 fr.
Chèvres (ABANDON DE) DANS LE CHAMP D'AUTRUI. — Les chèvres sont au nombre des bestiaux que le n° 10 de l'art. 479, C. P., défend de mener dans le terrain d'autrui ; on considérerait à tort comme encore subsistant la disposition de l'art. 18, titre II de la loi des 28 sept.-6 oct. 1791 qui, pour ce cas spécial, édictait une peine plus sévère. *Cass.* 24 *mars* 1855.	479, N° 10	Amende de 11 à 15 fr.
Chèvres, Brebis, Moutons CONDUITS DANS LES FORÊTS. — L'amende à appliquer pour cette contravention est du double de celle édictée par l'art. 199, C. F., et le pâtre ou berger est puni de celle de 15 fr. — En cas de récidive, le fait entraînant un emprisonnement de 5 à 15 jours, c'est le tribunal correctionnel qui, dans ce cas, est compétent — Le propriétaire qui garde lui-même ses moutons n'est passible que de l'amende proportionnelle au nombre des animaux introduits. Cependant, si cette amende proportionnelle n'atteignait pas la somme de 15 fr., c'est cette dernière qui devrait être appliquée. — Le fils qui conduit les troupeaux de son père est passible de l'amende de 15 fr. comme le pâtre salarié.	78 C. F.	Amende de 15 fr. contre le berger, sans préjudice de celle proportionnelle contre le propriét. du troupeau

NATURE DES CONTRAVENTIONS	Lois et Art. à appliquer.	Pénalités
Chèvres ENVOYÉES A LA VAINE PATURE SANS AUTORISATION. — Dans les lieux non sujets ni au parcours, ni à la vaine pâture, pour toute chèvre qui sera trouvée sur l'héritage d'autrui, contre le gré du propriétaire de l'héritage, il sera payé une amende égale à la valeur d'une journée de travail. Dans les pays de parcours ou de vaine pâture, où les chèvres ne sont pas réunies et conduites en troupeau commun, les animaux de cette espèce ne pourront être menés aux champs qu'attachés, sous peine d'une amende de la valeur d'une journée de travail par tête d'animal.	Loi des 28 sept.- 6 oct. 1791 titre II art. 18	Amende de la val. d'une journée de travail par tête d'animal
Chiens (EXCITATION DES) CONTRE LES PASSANTS. *V. abandon de fous ou furieux.*	475, No 7 C. P.	Amende de 6 à 10 f.
Chute d'objets NUISIBLES OU INSALUBRES. — Il y a contravention dans le fait de jeter de l'eau propre sur la voie publique. — *V. corps durs.*	471, No 6 C. P.	Amende de 1 à 5 fr.
Cimetières (INFRACTION AUX ARRÊTÉS CONCERNANT LES). — Décret du 7 mars 1808. — Aucune inscription ne peut être placée sur les pierres tumulaires ou monuments funèbres, sans avoir été préalablement soumise à l'approbation du maire (*art. 6, titre III de l'ord. du 6 déc. 1843*).	471, No 15 C P.	Amende de 1 à 5 fr.
Cloches (INEXÉCUTION DES RÈGLEMENTS CONCERNANT LES SONNERIES DES). — Les lois des 18 germinal, an X, art. 48, et 5 avril 1884, art. 100, confèrent aux préfets le droit de règlementer les sonneries des cloches, de concert avec les autorités ecclésiastiques.	471, No 13 C. P.	Amende de 1 à 5 fr.
Clochettes (DÉFAUT DE) AU COU DES ANIMAUX CONDUITS AU PATURAGE DANS LES BOIS ET FORÊTS. — Les usagers mettront des clochettes au cou de tous les animaux admis au pâturage, sous peine de 2 fr. d'amende par chaque bête qui serait trouvée sans clochette dans les forêts. *Art.* 75, *C. F.*	75 C. F.	Amende de 2 fr. par tête de bétail
Colombiers (DÉFAUT DE FERMETURE DES). — *Décret du 4 août 1789, art. 2, 3.* — L'arrêté préfectoral qui, pour assurer l'exécution du décret, prescrit de renfermer les pigeons à certaines époques de l'année, est obligatoire. *Cass. ch. réunis 5 févr.* 1844.	471, No 15 C. P.	Amende de 1 à 5 fr.
Colportage OU VENTE SUR LA VOIE PUBLIQUE (DÉFAUT DE DÉCLARATION POUR LE). — Les déclara-		

NATURE DES CONTRAVENTIONS	Lois et Art. à appliquer.	Pénalités
tions doivent être faites à la sous-préfecture pour le colportage dans l'arrondissement et à la préfecture pour le colportage dans tout le département ; il est donné aux déclarants un récépissé dont ils doivent être porteurs.	Loi du 29 juillet 1881 art 18, 19 et 21	Amende de 1 à 15 fr. empris. facultatif de 1 à 5 jours.
Corps durs JETÉS CONTRE LES ÉDIFICES OU CONTRE LES PERSONNES. — Il y a jet dans le fait de barbouiller d'ordures, avec un balai, la maison d'autrui. *Cass.*, *16 mars 1843.*	475, No 8, C. P.	Amende de 6 à 10 fr. empris. facultatif de 1 à 3 jours
Déposition (REFUS PAR UN TÉMOIN DE FAIRE SA). — Malgré son élévation, l'amende de 100 fr. prescrite par l'art. 80, C. I. C. peut être prononcée par le tribunal de simple police. *Cass. 2 mars 1855.* — En matière civile, le témoin défaillant peut, en outre de l'amende envers le Trésor, être condamné à 10 fr. de dommages intérêts envers la partie qui le fait appeler. *Art. 263, C. P. C.*	80, 157 C. I. C. 263 C.P.C.	Amende. de 100 fr. au plus
Dépot DE MATÉRIAUX SUR LA VOIE PUBLIQUE. — Il y a contravention pour un étalage de marchandises fait par un marchand sur une marche en pierre de sa maison qui fait saillie sur la rue. — Il en est de même d'un maréchal ferrand qui ferre un cheval dans la rue, ainsi que du commissaire-priseur qui vend des objets mobiliers sur la voie publique. — *V. embarras.*	471, No 4 C. P.	Amende de 1 à 5 fr.
Devins (EXERCICE DU MÉTIER DE PRONOSTIQUER OU D'EXPLIQUER LES SONGES). — Tout jugement de condamnation rendu en vertu de l'art 479, no 7, C. P., doit prononcer la confiscation des costumes, instruments et objets quelconques ayant servi ou servant au contrevenant.	479, No 7 C. P.	Amende de 11 à 15 fr. empris. facultatif de 1 à 5 jours
Divagation D'ANIMAUX MALFAISANTS OU FÉROCES. — Celui qui a laissé divaguer son chien en contravention à un arrêté préfectoral ou municipal, ne peut encourir que la peine édictée par l'art. 471, no 15, C. P., et non celle édictée par l'article 475, no 7.	471, No 15 et 475 No 7 C. P.	Amende de 1 à 5 fr. et de 6 à 10 fr. selon le cas
Divagation D'ANIMAUX AQUATIQUES DANS LES RIVIÈRES AFFECTÉES A LA REPRODUCTION DES POISSONS — *Décret du 15 mars 1860, art. 15.*	471. No 13 C. P.	Amende de 1 à 5 fr.

NATURE DES CONTRAVENTIONS	Lois et Art. à appliquer.	Pénalités
Dommages AUX PROPRIÉTÉS MOBILIÈRES D'AUTRUI. — Le fait d'avoir volontairement et sans nécessité tué un animal domestique appartenant à autrui est un dommage fait à la propriété mobilière d'autrui. — *V. animaux tués ou blessés volontairement.*	479, Nº 1 C. P.	Au ende de 11 à 15 fr.
Echenillage (DÉFAUT D') DES HAIES, JARDINS, VERGERS AVANT LE 20 FÉVRIER. — *Lois des 26 ventôse an IV, art. 1er, et 19-22 juillet 1791, art. 46, nº 2.* — L'échenillage est obligatoire dans les terrains clos ou non clos. — Il est une charge de la propriété ; le propriétaire est donc responsable aussi bien que le fermier.	471, Nº 8 C. P.	Amende de 1 à 5 fr.
Eclairage DES AUBERGES ET AUTRES LIEUX PUBLICS (DÉFAUT D').— Le fait de n'avoir pas éclairé la nuit, même quand il fait clair de lune, constitue une contravention de la part des aubergistes et hôteliers, à condition que l'éclairage extérieur des établissements de ce genre soit prescrit par les règlements locaux.	471, Nº 3 C. P.	Amende de 1 à 5 fr.
Eclairage DES MATÉRIAUX ET EXCAVATIONS (DÉFAUT D'). — Tout embarras de la voie publique doit être éclairé pendant la nuit, même en l'absence de tout règlement.	471, Nº 4 C. P.	Amende de 1 à 5 fr.
Edifices MENAÇANT RUINE (REFUS DE DÉMOLIR OU DE RÉPARER LES). — Le pouvoir attribué à l'autorité municipale d'ordonner la réparation ou la démolition des édifices menaçant ruine, s'étend à tous bâtiments dont la chute peut menacer la sûreté du passage sur une voie publique ou non publique. *Cass.*, 3 janv. 1863. Le juge de police peut, par son jugement, ordonner la démolition ou la réparation d'office aux risques et périls des propriétaires, malgré l'opposition de ces derniers.	471, Nº 5 C. P.	Amende de 1 à 5 fr.
Embarras DE LA VOIE PUBLIQUE SANS NÉCESSITÉ. — L'embarras de la voie publique est punissable même en l'absence de tout règlement. *Cass.*, 19 fév. 1858. Le propriétaire poursuivi pour embarras de la voie publique, en étayant avec des poutres sa maison menaçant ruine, est légalement relaxé, par le motif qu'il y avait nécessité pour éviter de graves accidents. *Cass.*, 29 août 1867. Mais il est tenu d'éclairer, la nuit, son étayage. —	471, Nº 1 C. P.	Amende de 1 à 5 fr.

NATURE DES CONTRAVENTIONS	Lois et Art. à appliquer.	Pénalités

Le battant d'une porte ouvrant sur ses gonds sur la voie publique ne constitue pas une contravention à l'art. 471, n° 4, lequel n'est applicable qu'aux objets mobiliers. *Cass., 20 nov.* 1871.

Engrais. — Le fait de ne pas faire connaître à l'acheteur la provenance naturelle ou industrielle des engrais ou amendements vendus et leur teneur en principes fertilisants est puni d'une amende de 11 à 15 fr. inclusivement. En cas de récidive dans les *trois* ans, la peine de 5 jours d'emprisonnement peut être prononcée. — Les indications dont il s'agit doivent être fournies à l'acheteur, soit dans le contrat même, soit dans le double de commission délivré au moment de la vente, soit dans la facture remise au moment de la livraison. — Cette obligation n'est pas applicable à la vente des fumiers, boues de ville, déchets de marchés, résidus, varechs, etc.

Loi du 4 février 1888 — Amende de 11 à 15 fr

Enseignement primaire et obligatoire (LOI DU 28 MARS 1882 SUR L'). — L'absence de l'école quatre fois dans le mois pendant au moins une demi-journée, sans justification admise par la commission scolaire, donne lieu à convocation devant ladite commission du père, du tuteur ou de la personne responsable de l'élève ; l'invitation doit se faire au moins trois jours à l'avance. La commission doit lui rappeler le texte de la loi et lui expliquer ses devoirs. En cas de récidive dans les *douze* mois qui suivront la première infraction, la commission scolaire ordonne l'inscription pendant quinze jours ou un mois, à la porte de la mairie, des nom, prénoms et qualités de la personne responsable. En cas d'une nouvelle récidive, la commission scolaire ou, à son défaut, l'inspecteur primaire, adressera une plainte au juge de paix.

Loi du 28 mars 1882 479, 480 C. P. — Amende de 11 à 15 fr. empris. facultatif de 1 à 5 jours

Etablissements DANGEREUX, INSALUBRES ET INCOMMODES (INFRACTION AUX RÈGLEMENTS DES). — *Décret du 15 oct.* 1810, *art.* 2 ; *ordonnance du 14 janv.* 1815 ; *décrets des 25 mars 1852, 27 janv.* 1872 *et 19 mai* 1873.

471, N° 15 C. P. — Amende de 1 à 5 fr.

Etalages SUR LA VOIE PUBLIQUE (INOBSERVATION DES RÈGLEMENTS RELATIFS AUX). — *V. Dépôt.*

do — do

NATURE DES CONTRAVENTIONS	Lois et Art. à appliquer	Pénalités
Filles publiques (INFRACTION AUX RÈGLEMENTS CONCERNANT LES). — V. *Racolage*.	471, No 15 C. P.	Amende de 1 à 5 fr.
Fleurs (VASES DE) NON ASSUJETTIS SUR LES FENÊTRES OU TOMBANT SUR LA VOIE PUBLIQUE. — V. *Chute*.	do	do
Fosses d'aisances (INOBSERVATION DES RÈGLEMENTS ET ARRÊTES RELATIFS AUX).	do	do
Fours OU **Usines** (DÉFAUT D'ENTRETIEN DES). — V. *Cheminées*.	471, No 4 C. P.	do
Fruits APPARTENANT A AUTRUI CUEILLIS ET MANGÉS SUR PLACE. — V *Maraudage*.	471, No 9 C. P.	do
Fumiers ET **Engrais** (ENLÈVEMENT SANS PERMISSION DES) DANS LES TERRES. — Si le delinquant a enlevé à son profit les engrais, il devient justiciable du tribunal correctionnel, sinon, le maximum de la peine à appliquer par le juge de police est une amende égale à *six* journées de travail.	Loi des 28 sept. 6 oct. 1791 titre II art. 33	Amende de la val. de *une à six* journées de travail empris. facultatif de 1 à 5 jours
Glanage, grapillage, râtelage DANS LES CHAMPS NON ENCORE ENTIÈREMENT DÉPOUILLÉS DE LEURS RÉCOLTES OU AVANT LE LEVER ET APRÈS LE COUCHER DU SOLEIL. — Le glanage n'appartient qu'aux indigents, d'après l'édit de nov. 1554. Il ne peut être pratiqué que lorsque les terres de la contree sont entièrement dépouillées de leurs récoltes, et non au fur et à mesure que chaque parcelle de terre est dépouillée. *Cass*, 14 *févr.* 1867, 31 *déc.* 1864.	471, No 10 C. P.	Amende de 1 à 5 fr. empris. facultatif de 1 à 3 jours
Glanage, râtelage AVEC RATEAU DE FER. — *Arrêté du 15 févr. 1784*.	471, No 15 C. P.	Amende de 1 à 5 fr.
Glands, Gazons, Mousses, ETC. (ENLÈVEMENT SANS PERMISSION DES) DANS LES FORÊTS. — Il est défendu aux adjudicataires de ramasser ou d'emporter des glands, faînes ou autres fruits, semences ou productions des forêts, sous peine d'une amende de 10 à 30 fr. pour chaque bête attelée, de 5 à 15 fr. par chaque bête de somme, de 2 à 6 fr. par chaque charge d'homme. Selon le cas, un emprisonnement de 3 jours au plus pourra être prononcé. — Le délit d'enlever des feuilles mortes dans les bois et forêts existe dès	57, 144 C. F.	Le juge de police ne peut prononcer l'applicat. d'une amende qui excède 15 fr.

NATURE DES CONTRAVENTIONS	Lois et Art. à appliquer.	Pénalités
que les feuilles ont été réunies et mises en tas pour être enlevées. *Cass.*, 28 *juin* 1811 ; 9 *juin* 1848 ; 8 *décembre* 1848. — Le seul fait d'avoir coupé des herbages dans une forêt constitue un délit. — Si l'amende à appliquer est supérieure à 15 fr., le tribunal correctionnel est seul compétent. — Il en est de même si le délit est commis dans une forêt de l'Etat.		
Immondices JETÉES IMPRUDEMMENT SUR LES PERSONNES. — L'eau propre jetée par la fenêtre sur la voie publique est considérée comme immondice. — *V. chute d'objets.*	471, No 12 C. P.	Amende de 1 à 5 fr.
Injures SIMPLES SANS PROVOCATION.	471, No 11	do
Ivresse PUBLIQUE ET MANIFESTE. — Celui qui est trouvé en état d'ivresse manifeste sur la voie publique commet une contravention ; la récidive entraine la peine de l'emprisonnement de trois jours au plus ; la deuxième récidive, dans les douze mois qui suivent la seconde condamnation, est justiciable du tribunal correctionnel. — Sont punis de peines analogues les cafetiers et débitants qui donnent à boire aux personnes déjà en état d'ivresse ou qui ont fait boire jusqu'à l'ivresse un mineur de moins de 16 ans.	Loi du 23 juillet 1873	do
Jet DE CHOSES POUVANT NUIRE PAR LEUR CHUTE OU LEUR EXHALAISON. — *V. immondices, chute d'objets et fleurs exposées sur les fenêtres.*	471, No 6	do
Jet DE PIERRES OU DE CORPS DURS AYANT OCCASIONNÉ LA MORT OU LA BLESSURE DES ANIMAUX DOMESTIQUES. — Le fait d'avoir blessé un chien, un chat ou tout autre animal domestique, soit par maladresse ou inadvertance, est punissable des peines portées à l'art. 479 no 3 et 480 C. P. — *V. animaux domestiques.*	479, No 3 et 480 C. P.	Amende de 11 à 15 fr. empris. facultatif de 1 à 5 jours
Jeu de loterie OU DE HASARD, TENU DANS LES RUES, CHEMINS, PLACES OU LIEUX PUBLICS. — L'individu qui a établi un jeu de hasard sur la voie publique ne peut être acquitté par le motif que ce jeu ne fonctionnait pas au moment où le procès-verbal a été dressé. *Cass.*, 29 *août* 1863 — Le jeu de billard, *dit jeu de poule*, le jeu de *quilles*, ne sont pas considérés comme jeux de hasard. *Cass.*, 9 *nov.* 1861, 26 *mai* 1855. — Les objets ayant	475, No 5 et 477 C. P.	Amende de 6 à 10 f.

NATURE DES CONTRAVENTIONS	Lois et Art. à appliquer.	Pénalités

servi à établir un jeu de hasard, ainsi que les pontes, doivent toujours être confisqués.

Livrets d'ouvriers (INFRACTION A LA LOI CONCERNANT LES). — *Loi du 22 juin 1854.* — 471, No 15 — Amende de 1 à 5 fr.

Logements militaires (REFUS DE LES FOURNIR) — Les procès-verbaux dressés contre les habitants doivent être remis au juge de paix, qui s'assure auprès des autorités municipales du montant des frais que le refus a occasionnés, car, selon le cas, la contravention peut échapper à sa compétence — Pour que le juge de police soit compétent, il ne faut pas que les frais occasionnés par le refus de loger dépassent la somme de 7 fr. 50, par la raison qu'aux termes de la loi du 3 juillet 1877, art. 21, n° 2, les contrevenants sont passibles d'une amende qui peut s'élever au double de la valeur de la prestation requise. — Les femmes vivant seules, les communautés religieuses, les écoles normales sont dispensées de loger les militaires de passage, à charge par elles du remboursement des frais pour loger ailleurs les militaires qui leur étaient destinés. *Circul. minist. du 10 juin 1887.* — Loi du 3 juil. 1877 art. 21 No 2. 471, No 15 C. P. — do

Maraudage DE RÉCOLTES NON ENCORE DÉTACHÉES DU SOL. — Le fait d'emporter dans ses vêtements des fruits que l'on vient de cueillir dans la propriété d'autrui, même dans l'intention de les manger en cheminant, ne constitue pas seulement la contravention prévue par l'art. 471 n° 9 C. P., mais celle prévue par l'art. 475, n° 15. — 475, No 15 C. P. — Amende de 6 à 10 fr.

Médecine (EXERCICE ILLÉGAL DE LA). — Bien que l'exercice illégal de la médecine, sans usurpation de titre, ne comporte qu'une amende de simple police, c'est à la juridiction correctionnelle seule qu'il appartient de connaître de la contravention. — Compét. correct.

Monnaies nationales (REFUS DE LES RECEVOIR). — D'après les dispositions du décret du 19 août 1810, la monnaie de billon ne peut être employée que comme appoint jusqu'à concurrence de 4 fr. 95 inclusivement. *Cass., 13 juillet 1860.* — La loi du 14 juillet 1866 détermine le cours légal des pièces de 2 fr. et au-dessous. — Les paiements faits avec cette monnaie ne peuvent être légalement imposés à celui qui reçoit que comme appoint et jusqu'à concurrence de la somme de 50 fr. — En — 475, No 11 C. P. — Amende de 6 à 10 fr.

NATURE DES CONTRAVENTIONS	Lois et Art. à appliquer.	Pénalités

vertu de la loi du 11 août 1870, les billets de la Banque de France ont cours forcé, mais nul n'est tenu de les recevoir si la somme à payer est inférieure à leur valeur nominale, et de rendre la différence.

Nourrices, SEVREUSES ET GARDEUSES D'ENFANTS. — Le refus par la nourrice ou gardeuse de recevoir la visite du médecin inspecteur, du maire ou d'un membre de la commission locale, entraîne la peine de 5 à 15 fr. d'amende. Si le refus est accompagné d'injures ou de violences, un emprisonnement de un à cinq jours peut être prononcé. — Loi du 23 décem. 1874 art. 6 — Amende de 5 à 15 fr.

Pacage DE TROUPEAUX DANS LES CHAMPS AVANT LES DEUX JOURS QUI SUIVENT L'ENLÈVEMENT DE LA RÉCOLTE. — L'amende à appliquer doit être égale à la valeur d'une journée de travail. Elle est double, si les bestiaux d'autrui ont pénétré dans un enclos rural. — Loi des 28 sept. 6 oct. 1791 titre II art. 22 — Amende de la val. d'une journée de travail

Parcours ET VAINE PATURE. — Nombre de têtes de bétail supérieur à celui fixé par les réglements ou l'usage. — Loi des 28 sept. 6 oct. 1791 titre Ier sect. 10 art. 13 — Amende de la val. de 3 journées de trav

Passage A CHEVAL OU EN VOITURE SUR UN TERRAIN ENSEMENCÉ OU CHARGÉ DE RÉCOLTES. — Si les blés sont en tuyau et que quelqu'un y entre, même à pied, ainsi que de toute autre récolte, l'amende sera au moins égale à la valeur d'une journée de travail — Si le delinquant est entré en voiture, l'amende sera double. — Loi des 28 sept. 6 oct. 1791 titre II sect. VII art 27 — Amende de la valeur de 1 a 2 journées de travail.

Passage A PIED PENDANT LA MATURITÉ DES RÉCOLTES OU VOISINES DE LA MATURITE. — Le propriétaire dont le fonds est enclavé a le droit de passage sur les terres voisines pour la culture et l'enlèvement de ses récoltes, sauf les droits des voisins à une indemnité. Mais il y a contravention lorsque le propriétaire du fonds enclavé n'a pas suivi le trajet le plus court de la voie publique à son fonds, s'il est démontré qu'en suivant un trajet plus long le dommage est plus important, à moins toutefois que le trajet le plus court soit impraticable. — 475, No 9 C. P. — Amende de 6 à 10 fr.

Passage A PIED SUR LE TERRAIN D'AUTRUI PRÉPARÉ OU ENSEMENCÉ. — 471, No 13 — Amend. de 1 à 5 fr.

NATURE DES CONTRAVENTIONS	Lois et Art. à appliquer.	Pénalités.
Passage AVEC BESTIAUX SUR LE TERRAIN D'AUTRUI AVANT L'ENLÈVEMENT DE LA RÉCOLTE. — Ce cas ne peut être confondu avec celui de dommage causé aux propriétés d'autrui par des bestiaux laissés à l'abandon, que la loi du 23 thermidor an IV frappe d'une peine supérieure.	471, No 14 C. P.	Amende de 1 à 5 fr.
Patrons et ouvriers (INEXÉCUTION DES LOIS CONCERNANT LE RÈGLEMENT DES CONVENTIONS EN MATIÈRE DE *bobinage* ET DE *lissage*). — Le juge de police doit appliquer autant d'amendes qu'il y a de constatations.	Loi du 7 mars 1850 art 8.	Amende de 11 à 15 fr.
Pâturage DES PORCS ET BESTIAUX DANS LES BOIS ET FORÊTS DE L'ÉTAT, NON MARQUÉS AU FER CHAUD. — Cette marque doit être différente pour chaque commune ou section de commune usagère. Compétence correctionnelle.	73 C. F.	Compét correct.
Pâturages communaux (INFRACTIONS AUX RÈGLEMENTS SUR LES).	Loi du 4 avr. 1882 art. 15	Amende de 1 à 5 fr.
Personnes TROUVÉES DANS LES BOIS ET FORÊTS AVEC SERPES, COGNÉES, SCIES, etc. — *V. arbres.*		
Pétrole AU DÉTAIL (VENTE DU). Décrets des 27 janvier 1872 et 19 mai 1873. — Le marchand de pétrole au détail, comme le marchand en gros, ne peut commencer son commerce qu'après en avoir fait la déclaration au maire de la commune où est situé son établissement et contenant la désignation précise du local, des procédés de conservation et de livraison, des quantités de liquides inflammables auxquelles il entend limiter son approvisionnement et l'emplacement, dans sa boutique, réservé exclusivement à ces liquides.	471, No 15 C. P.	do
Place de guerre. — Dégradation aux ouvrages et bâtiments. Inexécution des règles de la discipline et de la police de la place. Loi du 10 juillet 1771, décret du 10 août 1853.	471, No 15 C. P.	Amende de 1 à 5 fr.
Poids et mesures (DÉFAUT D'ASSORTIMENT DE) IMPOSÉS AUX COMMERÇANTS. — *Ordonnance du 17 avril 1829, décret du 25 janvier 1880.*	do	do
Poids et mesures (EMPLOI DE DIFFÉRENTS QUE CEUX ÉTABLIS PAR LES LOIS EN VIGUEUR.— Aux termes de la loi du 4 juillet 1837, les poids et mesures dépourvus du poinçon de contrôle et de ga-		

NATURE DES CONTRAVENTIONS	Lois et Art. à appliquer.	Pénalités.
rantie sont réputés non légaux; il y a donc contravention en en faisant usage. — L'interdiction d'avoir des poids et mesures ni vérifiés, ni poinçonnés, est absolue pour tout commerçant. — Tout jugement de condamnation pour usage de poids et mesures différents de ceux que les lois autorisent, ou non poinçonnés, doit prononcer la confiscation des poids et mesures saisis. — Les propriétaires qui se bornent à vendre les produits de leurs récoltes, tels que les maraîchers et horticulteurs, ne sont pas astreints à la règle de la vérification. *Cass.,* 22 *août* 1856.	479, No 6 C P.	Amende de 11 à 15 fr. emprison. facultatif de 1 à 5 jours
Poids publics (INEXÉCUTION DES RÈGLEMENTS PRÉSERVANT LA FERMETURE DES).	471, No 15	Amende de 1 à 5 fr.
Presse (INFRACTION A LA LOI SUR LA). — Les imprimés rendus publics et non porteurs de l'indication du domicile de l'imprimeur entraîne la peine de 5 à 15 fr. d'amende. — *V. affiches.*	Loi du 29 juillet 1881 arr. 2	Amende de 5 à 15 fr.
Processions (INFRACTION AUX ARRÊTÉS INTERDISANT LES) SUR LA VOIE PUBLIQUE.	471, No 15 C. P.	Amende de 1 à 5 fr.
Professions bruyantes (INFRACTION AUX RÈGLEMENTS CONCERNANT LES). — Cette contravention ne doit pas être confondue avec certains cas qualifiés de *bruits nocturnes* occasionnés par certaines professions.	do	do
Racolage SUR LA VOIE PUBLIQUE. — *Ordonnance du 6 nov.* 1778. *V. filles publiques.*	471, No 15	do
Rapidité, CHARGEMENT, MAUVAISE DIRECTION DES VOITURES. — Il n'y a pas lieu de faire une distinction entre les chevaux attelés ou non attelés. *Cass.,* 26 *mars* 1858. *Loi du* 30 *mai* 1851 *et règlement d'administration publique du* 10 *août* 1852.	475 No 4, C. P.	Amende de 6 à 10 fr. emprison. facultatif de 1 à 3 j.
Récolte SUR PIED (VOL DE). — *V. maraudage et fruits cueillis et mangés sur place.*		
Registres DES HOTELIERS (DÉFAUT DE TENUE ET DE PRÉSENTATION DES). — *V. aubergistes.*	475, No 2 C. P.	Amende de 6 à 10 fr.
Règlements ADMINISTRATIFS EN GÉNÉRAL LÉGALEMENT FAITS (INOBSERVATION DES).	471, No 15 C. P.	Amende de 1 à 5 fr.
Rixes. — *V voies de fait et violences légères.*		

NATURE DES CONTRAVENTIONS	Lois et Art. à appliquer.	Pénalités.
Roulage (CONTRAVENTION A LA POLICE DU). — *V. charretiers.*	475, N° 3	Amende de 6 à 10 fr. emprison. facultatif de 1 à 3 jours
Rues OU PASSAGES (NÉGLIGENCE DE BALAYER OU DE NETTOYER LES). — *V. balayage.*	471, N° 3	Amende de 1 à 5 fr.
Salle d'asile (OUVERTURE D'UNE). — Les directrices et surveillantes d'une salle d'asile doivent obtenir du recteur d'académie, avant leur entrée en fonctions, l'autorisation d'exercer dans un lieu déterminé. *Ordonnance du 22 décembre 1857, art. 5 et 11.*	471, N° 15 C. P.	do
Salubrité (INFRACTION AUX RÈGLFMENTS SUR LA). — L'arrêté municipal qui, en temps de forte chaleur, prescrit l'arrosage des rues par les habitants est obligatoire, sans que cet arrêté soit soumis à l'approbation préfectorale.	do	do
Secours (REFUS DE PRÊTER) DANS LES CAS D'ACCIDENTS, D'INCENDIES, D'INONDATIONS OU AUTRES CALAMITÉS. — Il ne s'agit ici que des cas qualifiés de *calamité publique* ou d'accidents susceptibles de compromettre la paix ou la sûreté publique, mais non d'accidents purement personnels. *Cass., 13 mai 1854.* — Le médecin qui refuse d'obtempérer à la réquisition, faite par un commissaire de police, de venir constater le décès d'un individu tué par la chute d'un objet, ne peut être puni par l'art. 475, n° 12, C. P., mais cet article est applicable au médecin qui refuse d'obtempérer à la réquisition qui lui est faite, en cas de flagrant délit, pour constater la nature et les circonstances d'une blessure ou de constater l'état d'un cadavre trouvé sur les bords de l'eau. *Cass., 18 mai 1855, 20 févr. 1857.* — Les réquisitions aux citoyens de prêter aide et assistance en cas de calamité n'ont pas besoin d'être signifiées par écrit; leur signification verbale suffit pour les rendre obligatoires. *Cass., 12 mai 1871.* — La peine de l'emprisonnement pendant cinq jours au plus peut être prononcée, en cas de récidive, contre toutes les personnes mentionnées à l'art. 475, à l'exception de celles mentionnées au n° 5 (loterie ou jeu de hasard), qui, en cas de récidive, deviennent justiciables du tribunal correctionnel.	475, N° 12 C. P.	Amende de 6 à 10 fr.

NATURE DES CONTRAVENTIONS	Lois et Art. à appliquer.	Pénalités.
Tapage injurieux OU NOCTURNE. — Le tapage ou bruit injurieux résulte, soit de grossièretés ou invectives proférées contre quelqu'un ou échangées entre deux personnes, soit démonstrations bruyantes, outrageantes pour celui à qui elles s'adressent, comme les charivaris. *Cass. 19 nov.* 1858. — Le bruit ou tapage nocturne est celui qui est fait avant le lever ou après le coucher du soleil. *Cass.*, 16 *nov.* 1864. — Est nul le jugement qui acquitte le prévenu de bruits et tapages en se fondant sur ce que chacun est libre de se conduire dans sa demeure comme bon lui semble. Les bruits et tapages ayant lieu dans l'intérieur des habitations et qui troublent la tranquilité des voisins sont punissables comme s'ils avaient lieu sur la voie publique. *Cass.*, 1er *mai* 1863 ; 13 *juin* 1863 ; 16 *avril* 1864. — Les tapages nocturnes sont punissables alors même qu'ils ont lieu en dehors des villes ou villages, partout où il y a des habitations. *Cass.*, 29 *août* 1857. — L'inculpé reconnu coupable du fait de tapage injurieux ou nocturne, sans admission de circonstances atténuantes, ne peut être condamné à une amende moindre de 11 francs.	479, No 8 C. P.	Amende de 11 à 15 fr. emprison. facultatif de 1 à 5 jours.
Théâtre. — Inobservation du règlement prescrit par les décrets des 30 décembre 1852 et 6 janvier 1864.	475, No 15 C. P.	Amende. de 1 à 5 r.
Travail (REFUS DE) pour l'exécution des jugements criminels. — V. *Secours*.	Loi du 22 germin. an IV 475, No 12 C. P.	Amende de 6 à 10 fr. emprison. facultatif de 1 à 3 jours
Troupes EN MARCHE. — Règlement relatif à la défense de les couper et de les traverser. *Circulaire ministérielle du 6 juillet* 1860. — V. *Logements militaires*.	471, No 15 C. P,	Amende de 1 à 5 fr.
Usages (DROITS D') au pâturage, au panage et à la glandée ; infraction aux règlements les concernant. — V. *Bestiaux conduits dans les forêts et parcours et vaine pâture*.	72 C. F. Lois des 28 sept. 6 oct. 1791 titre Ier sect. IV art. 13.	Amende variable selon le cas
Vidanges DES FOSSES D'AISANCES (INFRACTION AUX RÈGLEMENTS SUR LES).	471, No 15 C. P.	Amende de 1 à 5 fr.

NATURE DES CONTRAVENTIONS	Lois et Art. à appliquer.	Pénalités.
Voies de fait ET **Violences légères.** — L'amende encourue par les contrevenants ne peut être moindre de la valeur d'une journée de travail ou d'un jour d'emprisonnement, ni supérieure à la valeur de trois journées de travail ou de 3 jours d'emprisonnement. — En cas de récidive, les auteurs de voies de fait ou violences légères deviennent justiciables du tribunal correctionnel.	Loi du 3 brumaire an IV art. 600 605 et 606	Amende de la valeur de 1 à 3 journ. de travail ou empris. de 1 à 3 j.
Voirie (INOBSERVATION DES RÈGLEMENTS RELATIFS A LA PETITE). — *Edit de décembre 1607.* — L'autorisation de construire sur la voie publique doit être écrite. *Cass.*, 26 *janv.* 1856 ; 23 *avril* 1859 ; 13 *mars* 1863. Elle doit être mise à exécution dans l'année de son obtention, sous peine de péremption *Cass.*, 10 *mars* 1859. — V. *Edifices*.	471. Nº 4 C. P.	Amende de 1 à 5 fr.
Voitures. Contravention aux ordonnances qui règlent le poids, la solidité, le mode de chargement, le nombre de voyageurs, le prix des places, l'indication, à l'extérieur, du nom du propriétaire. — La récidive porte la peine à 15 francs d'amende et 5 jours d'emprisonnement.	Loi du 30 mai 1851 art. 5, 475 Nº 4 C. P.	Amende de 6 à 10 fr. emprison. facultatif de 1 à 3 j.
Voitures ATTELÉES OU NON STATIONNANT SANS NÉCESSITÉ SUR LA VOIE PUBLIQUE. — La récidive porte la peine encourue à 15 fr. d'amende et à 5 jours d'emprisonnement.	Loi du 30 mai 1851 art. 5, 475 Nº 4 C. P.	do
Voitures MARCHANT EN CONVOI. — Lorsque plusieurs voitures marchent à la suite les unes des autres, elles doivent être distribuées en convois de quatre voitures au plus si elles sont à quatre roues et attelées d'un seul cheval ; de trois voitures au plus si elles sont à deux roues et attelées d'un seul cheval ; et de deux voitures au plus si l'une d'elles est attelée de plus d'un cheval. L'intervalle d'un convoi à l'autre ne peut être moindre de 50 mètres. Lorsque la dimension des objets transportés donnera au convoi une longueur nuisible à la circulation ou à la sûreté de la circulation, le nombre des voitures marchant en convoi pourra être restreint par arrêté préfectoral. *Art. 3 du décret du 24 février 1858.*—En cas de récidive, V. *l'art. précédent.*	Loi du 30 mai 1851 art. 5, 475 Nº 4 C. P.	do
Voitures NON ÉCLAIRÉES CIRCULANT, LA NUIT, SUR LA VOIE PUBLIQUE. — La pénalité est la même que pour les cas énumérés à l'art. précédent.	do	do

NATURE DES CONTRAVENTIONS	Lois et Art. à appliquer.	Pénalités.

Voitures NON MUNIES DE PLAQUES. — Tout propriétaire de voiture ne servant pas au transport des personnes est tenu de faire placer, en avant des roues et au côté gauche de sa voiture, une plaque *métallique* portant, en caractères apparents et lisibles, ayant au moins 5 millimètres de hauteur, ses nom, prénoms et profession, le nom de la commune, du canton et du département de son domicile. — Les voitures particulières destinées au transport des personnes, mais étrangères à un service public, sont exceptées de cette obligation.

Loi du 30 mai 1851 art. 3 et 7 décret du 10 août 1852 art 16

Amende de 6 à 15 fr. contre le propr. et de 1 à 5 fr. contre le conduc.

Voituriers ET CONDUCTEURS. — Tout voiturier doit se tenir constamment à la portée de ses chevaux ou bêtes de traits et en position de les guider — Il est interdit de faire conduire par un seul conducteur plus de quatre voitures à la fois. Chaque voiture attelée de plus d'un cheval doit avoir un conducteur. Toutefois, une voiture dont le cheval est *attaché* derrière une voiture attelée de *quatre* chevaux au plus, n'a besoin que d'un conducteur. Pour la récidive, *V. les art. précédents*

Loi du 30 mai 1851 art. 5, 475 Nº 1. C. P.

Amende de 6 à 10 fr. emprison. facult de 1 à 3 jours

Volailles (ABANDON DE) SUR LA PROPRIÉTÉ D'AUTRUI. — Le fait d'avoir laissé des volailles à l'abandon sur la propriété d'autrui ne rentre pas dans les prévisions des art. 475 et 479 C. P., mais il constitue le délit rural prévu par les art. 3 et 12, titre II de la loi des 28 sept.-6 octobre 1791. — Les amendes à appliquer doivent être calculées sur le prix de la journée de travail ; celles qui n'excéderont pas la valeur de *trois* journées seront doubles en cas de récidive, ou si le délit a été commis avant le lever et après le coucher du soleil ; elles sont triples quand les deux circonstances précédentes seront réunies (art. 4). — Le juge de police ne peut, si le délit entraîne la peine de l'emprisonnement, prononcer une détention de plus de trois jours. — Le propriétaire ou fermier qui éprouve un dommage causé par des volailles laissées à l'abandon, peut les tuer, mais seulement sur le lieu, au moment du dégât.

Loi des 28 sept. 6 oct. 1791 titre II sect. VII art. 3 et 12

Amende de la valeur de 1 à 3 journ. de travail emprison. de 1 à 3 j.

9 782019 281144